LE

4 SEPTEMBRE

JUGÉ PAR

L'ASSEMBLÉE NATIONALE

PARIS

LIBRAIRIE JULES BOYER

11, RUE NEUVE-SAINT-AUGUSTIN, 11

—

1876

LE 4 SEPTEMBRE

JUGÉ PAR

L'ASSEMBLÉE NATIONALE

La vérité a été lente à venir !

Longtemps les auteurs de la plus criminelle insurrection dont les fastes révolutionnaires gardent le souvenir ont pu croire qu'ils échapperaient au jugement de l'opinion publique. L'Assemblée nationale, dans une heure d'égarement et de surprise, avait, en prononçant la déchéance de l'empire, paru ratifier l'abominable attentat commis le 4 Septembre 1870, avec la complicité de l'ennemi, par Trochu, Jules Favre, Gambetta et leurs complices.

Fort heureusement, un jour vint óù, sous la pression obstinée de la conscience publique, l'Assemblée se ravisa. Elle institua une grande commission de trente membres, chargée de procéder à une enquête approfondie et sur l'attentat du 4 Septembre lui-même et sur l'usage que les membres du gouvernement insurrectionnel ont fait du pouvoir qu'ils avaient usurpé.

Cette enquête a duré quatre ans : elle ne s'est terminée que dans le courant du mois de novembre dernier, Elle a abouti aux conclusions qu'on va lire.

I

LA VÉRITÉ SUR LA JOURNÉE DU 4 SEPTEMBRE.

Les hommes du 4 Septembre ont prétendu qu'ils avaient trouvé le pouvoir vacant ; que la déchéance de l'empire avait été prononcée au Corps législatif ;

qu'ils n'avaient fait, en proclamant la République, que se conformer au vœu de toute la France.

Autant de mots, autant de mensonges !

Voici ce que déclare le rapporteur de la commission d'enquête, M. Boreau-Lajanadie :

« La déchéance n'avait pas été prononcée au Corps législatif. Cette première inexactitude du jeune ministre de l'intérieur, qui devait en commettre tant d'autres, put un moment faire croire au pays que le gouvernement de la Défense nationale avait été constitué par les représentants de la nation.

« Ainsi, c'était la *population* de Paris, la population flottante et cosmopolite des rues de Paris, qui avait, non-seulement renversé l'empire, mais chassé le Corps législatif, et les onze personnages qui siégeaient à l'Hôtel-de-Ville s'y étaient *installés* de leur propre autorité.

« M. Jules Ferry a raconté que le 4 Septembre avait été, à Paris, un jour de fête, qu'il y avait dans la foule *une exubérance de contentement, des fleurs aux fusils, des guirlandes...*

« La France ne partagea pas cette joie folle ou coupable : elle comprit qu'une révolution, faite en présence de l'ennemi victorieux, était un désastre de plus. »

Les hommes du 4 Septembre ont-ils, du moins, l'excuse de ne s'être emparés du pouvoir que pour le faire servir à la défense du pays? Non! Et M. Boreau-Lajanadie a fait bonne justice de cette vaine défense dans le passage suivant de son rapport :

« Partout une minorité turbulente et ambitieuse s'imposait aux populations, qui acceptaient et supportaient tout, pour que la guerre civile ne vînt pas se mêler à la guerre étrangère. Partout, alors que les dictateurs de Paris n'osaient encore s'appeler que le Gouvernement de la Défense nationale, le parti radical s'emparait du pays, au cri de VIVE LA RÉPUBLIQUE, cri national, disait-on, qui allait rallier nos soldats, les pousser sur les champs de bataille, les conduire à la victoire !...... Beaucoup d'honnêtes gens sans doute en étaient persuadés : ceux-là c'étaient des républicains sincères et patriotes, à qui l'histoire ne pourra reprocher que la naïveté de leurs illusions. Mais combien d'autres ne voyaient, dans la crise épouvantable que traversait la France, qu'une occasion d'assouvir leurs rancunes, leurs convoitises, leurs appétits! Combien ne criaient VIVE LA RÉPUBLIQUE, que dans l'espérance de crier bientôt : VIVE LA COMMUNE ! C'est-à-dire, A BAS LA PATRIE, LA FAMILLE ET LA RELIGION ! »

Voilà pour le fait même de l'insurrection du 4 Septembre.

II

BUT QUE POURSUIVAIENT LES HOMMES DU 4 SEPTEMBRE EN S'EMPARANT DU POUVOIR

Passons à l'usage que les insurgés ont fait du pouvoir.

Leurs premiers actes prouvent bien qu'en s'emparant du Gouvernement, ils ne poursuivaient d'autre but que la satisfaction de leurs criminelles aspirations politiques : au risque d'ajouter les horreurs de la guerre civile aux horreurs de la guerre étrangère, ils rendent la liberté aux scélérats qui, plus tard, organisent la Commune.

« Dès le 4 Septembre, raconte M. Boreau-Lajanadie, un décret d'amnistie avait lâché sur le pays tout l'état-major du parti révolutionnaire. — Cluseret et Gustave Flourens étaient rentrés en France, — Gaston Crémieux, Eudes, Mégy étaient sortis de prison. — Pour empêcher des troubles dans le Cher, on mettait en liberté les condamnés de la grève de Torteron. — Les condamnés de l'Internationale de Brest obtenaient la même faveur. — Le décret d'amnistie était si largement interprété que le procureur de la République de la Rochelle crut devoir demander au garde des sceaux s'il fallait en faire profiter un misérable *qui avait crié: « Vive la Prusse !» avait détourné des militaires de leur devoir et avait dit : Il y a longtemps que les autres possèdent, c'est à notre tour.* — « Je ne le pense pas, ajoutait le magistrat, on m'affirme cependant le contraire. »

« En revanche, le préfet de la Gironde demandait si, pour satisfaire *le peuple* de Bordeaux, il fallait faire arrêter MM. Haussmann, Jérôme David et de Forcade. Le préfet de la Loire-Inférieure expulsait M. Piétri de Nantes. L'entrée de la France était interdite aux Princes d'Orléans, et le préfet du Doubs recevait l'ordre d'expulser le comte de Chambord s'il passait la frontière. »

Aux fonctionnaires qu'ils nomment, ils ne demandent d'autre garantie que d'être républicains, et quels républicains !

« Hélas ! s'écrie l'honorable rapporteur de la commission d'enquête : Les préfets de M. Gambetta étaient pleins de confiance, parce qu'ils étaient pleins de présomption. Avocats, journalistes, médecins, professeurs, ils croyaient pouvoir s'improviser administrateurs, hommes d'Etat, hommes de guerre, aucune difficulté ne les arrêtait, aucune responsabilité ne les effrayait. Ils étaient républicains, c'était assez. Pour fonder la République qui devait sau-

ver la France, ils ne demandaient qu'une chose : des pouvoirs illimités. Mais, ces pouvoirs illimités, il les leur fallait absolument. « Impossible de con-
« solider la République et d'organiser vigoureu-
« sement la défense nationale, écrivait le Préfet de
« l'Aveyron, sans pleins pouvoirs, aux Préfets, pour
« dissoudre les Conseils municipaux, destituer les
« municipalités et révoquer les juges de paix. »

L'organisation de la guerre elle-même n'est qu'un prétexte à caser les frères et amis.

« Les camps d'instruction, où le danger, pour le moment du moins, n'était guère plus considérable que dans les parquets et les préfectures, offrirent un débouché précieux aux amis du Gouvernement en quête de fonctions lucratives et honorifiques.

« Il y avait là, dit encore le rapport, des géné-raux, des vice-présidents civils, qui, suivant l'un d'eux, M. Lissagaray, devaient être l'*âme véritable* de camps, et avaient besoin d'un état-major, des in-tendants, des médecins, et, planant au-dessus de toute cette hiérarchie, des inspecteurs. M. Spuller, ancien notaire à Langres et frère du secrétaire de

M. Gambetta, fut nommé inspecteur général des camps de Nevers et de Clermont-Ferrand, de Lyon et de Marseille.

« Le camp de Marseille fut un des mieux pourvus de fonctionnaires de toutes sortes. Le Gouvernement en avait laissé le choix à M. Gent, qui, après avoir bien regardé *tout autour de lui*, était parvenu à trouver : un commandant supérieur, un vice-président civil, un chef instructeur, un chef du génie, un médecin en chef et un intendant administrateur *hors ligne*. » Tous ces choix, affirmait M. Gent dans sa dépêche du 11 décembre, étaient faits à la fois au point de vue militaire ou spécial et *au point de vue politique si important dans notre pays*. »

III

LE 4 SEPTEMBRE AU POINT DE VUE MILITAIRE

Cependant il fallut bien faire semblant de s'occuper de la défense du territoire. C'est ici qu'éclate la criminelle ineptie, doublée d'une plus criminelle audace, des hommes du 4 Septembre. Nous laissons la parole à M. Boreau-Lajanadie :

« Lorsque les théoriciens du Corps législatif arrivèrent au pouvoir, dit l'honorable rapporteur, ils n'avaient perdu aucune de leurs illusions. Sur les champs de bataille de Reicshoffen et de Sedan ils n'avaient vu que la défaite de l'Empire et du militarisme : ils s'imaginèrent que pour sauver la France il suffisait de proclamer la République, d'armer les gardes nationales et d'évoquer les souvenirs de 1792.

« L'amiral Fourichon, ministre de la guerre, essaya de protester et de réagir ; mais, ancien officier de l'Empire, il était lui-même suspect, et dans les conseils où se traitaient les affaires militaires, on préférait à ses avis ceux de M. Glais-Bizoin. A la fin, M. Crémieux prit le titre, M. Glais-Bizoin exerça les fonctions, il le prétend du moins, tout en reconnaissant que sa tâche fut *facile,* grâce aux bons offices du général Lefort.

« Quant au général Lefort lui-même, il dut trouver la tâche difficile, pénible surtout et douloureuse. Serviteur dévoué, mais suspect, d'un gouvernement sans autorité, il voyait, en dépit de ses efforts, les avocats et les journalistes prendre la direction des affaires militaires, les préfets destituer, chasser et emprisonner les généraux, et des ligues politiques, se cachant sous le nom de comités de défense, désorganiser tout sous prétexte de tout réorganiser *révolutionnairement*.... M. Gambetta avait professé et professait encore que « la subordination des chefs militaires, quels qu'ils soient, à la magistrature politique et civile est la première règle de la tradition révolutionnaire », et, à côté de M. Gambetta, son ami M. Challemel-Lacour rappelait à M. Laurier, dans une dépêche du 30 septembre :

« Que la subordination de l'autorité militaire, c'est la République même. »

« Révolutionnaire ou Républicaine, cette doctrine a fait bien du mal à la France. Appliquée par les dictateurs de la Défense nationale, elle a consommé nos derniers désastres : préconisée par les orateurs du Corps législatif, elle avait préparé nos premiers revers. »

Pour juger des désastreux effets que devait produire cette subordination de l'autorité militaire à l'autorité civile, il faut se reporter à l'ignorance des hommes qui détenaient cette dernière autorité.

« M. Gambetta, lisons-nous en un autre endroit du rapport de la commission d'enquête, M. Gambetta, qui voulait avoir l'air de tout diriger, avait quelquefois le bon sens de suivre l'avis des généraux ; mais cette sagesse était rare ; le plus souvent il contre-signait les plans de campagne élaborés par M. de Freycinet, et dédaignant toujours de consulter la carte de France, il confondait Bar-sur-Seine avec Bar-le-Duc, comme il avait confondu, un mois auparavant, Epinay-sur-Orge avec Epinay-sur-Seine. »

Il faut se rappeler surtout que cette confusion d'attributions allait du grand au petit, qu'elle était partout.

« Entre préfets, généraux, magistrats, dit M. Boreau-Lajanadie, comités d'armement et de défense, armée et garde nationale, commandants, vice-présidents et inspecteurs des camps, c'était un conflit perpétuel où l'ambition, l'amour-propre, les rivalités, les rancunes et les préoccupations politiques s'étalaient avec une étonnante naïveté. »

Un seul exemple des désastres qui ont dû en résulter :

« Le 8 décembre, un ordre malencontreux, expédié directement du cabinet de M. de Freycinet au général Camo, avait fait échouer les premières opérations du général Chanzy et avait livré Beaugency aux Prussiens. »

Cette conduite était d'autant plus criminelle que notre brave armée se montrait d'une plus héroïque docilité. Le rapport de la commission d'enquête lui paie un juste tribut d'admiration :

« Quant à nos malheureux généraux, dit-il, qu'on laissait insulter par la canaille et emprisonner par les préfets, auxquels il fallait bien recourir cependant, quand l'armée civique ne produisait que des

Crévisier et des Lissagaray, qu'on suspectait, qu'on espionnait, auxquels on imposait des plans impossibles et des opérations insensées, et qu'on déclarait traîtres et incapables le lendemain des désastres auxquels on les avait traînés, ils dévoraient ces humiliations et affrontaient ces calomnies, parce qu'avant tout et à tout prix, dans la crise suprême où se jouait le sort de la France, ils voulaient rester sous le drapeau et marcher au canon.

« Qu'on ne leur reproche pas d'avoir accepté la direction militaire de l'avocat Gambetta et de l'ingénieur Freycinet. Hélas ! leur faiblesse a été la faiblesse de la nation tout entière. Citoyens et soldats nous persistions à nous incliner, respectueux et obéissants, devant un gouvernement d'aventure dont chaque jour accentuait l'incapacité. Nous craignions la guerre civile devant l'ennemi. Que cela soit notre excuse à tous ! »

Voilà le 4 Septembre au point de vue militaire. Voici le 4 Septembre au point de vue politique, moral, social.

IV

LE 4 SEPTEMBRE AU POINT DE VUE POLITIQUE, MORAL, SOCIAL

L'une des premières proclamations du gouvernement insurrectionnel annonçait que le peuple serait bientôt convoqué dans ses comices, pour statuer librement et sur la question de paix ou de guerre et sur ses destinées politiques.

C'était un mensonge !

D'ajournements en ajournements et de prétextes en prétextes, les hommes du 4 Septembre devaient détenir le pouvoir jusqu'à ce qu'ayant mis la France à bas de sang et d'argent, il leur fallût convoquer une Assemblée nationale pour signer une paix dont l'Allemagne ne consentait pas à traiter avec eux !

Le 30 septembre, la délégation de Tours, com-
posée alors seulement de Crémieux, de Glais-Bizoin
et de l'amiral Fourichon, avait bien lancé un décret
qui fixait les élections générales au 16 octobre.
Il y aurait beaucoup à dire de ce décret lui-même,
au point du respect du droit électoral. Le rapport
de la commission d'enquête en condamne sévère-
ment plusieurs dispositions : celle notamment qui
obligeait les électeurs à se transporter au chef-lieu
du canton ; et celle qui permettait aux Préfets et à
leurs secrétaires généraux, de se porter candidats,
en donnant leur démission dix jours avant l'élection.

« La première, dit M. Boreau-Lajanadie, était de
tradition républicaine : M. Laurier la défendit assez
mal, en la représentant comme une garantie de
loyauté dans le scrutin. Quant à la seconde, per-
sonne n'essaya de la justifier. C'était un perfection-
nement de la candidature officielle auquel le gouvernement déchu n'avait jamais songé. Que de fois,
MM. Crémieux, Glais-Bizoin, Laurier s'étaient
voilé la face devant le scandale des préfets de
l'Empire, patronnant les candidats. Maintenant, ils

autorisaient les préfets de la République à se faire candidats et à se patronner eux-mêmes avec les pouvoirs ordinaires et extraordinaires dont ils étaient investis. »

Mais, quelques jours après que ce décret eut paru, on apprit que M. Gambetta venait d'arriver de Paris par ballon et que les élections étaient ajournées — amère dérision! — jusqu'à ce que la victoire remportée sur l'Allemagne eût mis la République à l'abri d'un retour offensif du suffrage universel!

Et quand, après la capitulation de Paris, il leur fallut absolument faire les élections, que d'influences, que de pressions, que de menaces les hommes du 4 Septembre ne mirent-ils pas en œuvre pour dénaturer le suffrage des électeurs! « *Jamais élections n'ont été plus libres!* » a osé dire M. Thiers. « Il serait plus vrai de dire, lui répond M. Boreau-Lajanadie, que jamais plus d'obstacles ne furent accumulés contre la liberté des électeurs. »

L'aversion des hommes du 4 Septembre pour la souveraineté nationale était telle qu'ils la poursuivaient jusque dans ses plus humbles manifestations. Les assemblées départementales furent supprimées. Les préfets furent avertis que, sauf les cas d'urgence absolue, il était inutile de se préoccuper de la nomination des Commissions départementales. Les Conseils généraux étaient dissous ; *c'était l'important, le reste pouvait être différé.* « De tous les outrages infligés, depuis quatre mois, à la souveraineté nationale, dit M. Boreau-Lajanadie, celui-ci était le plus coupable et le plus brutal. » Toute la France fut indignée. Les journaux se remplirent de protestations. Celle du Conseil général de Maine-et-Loire donna des inquiétudes à M. Engelhard, qui demanda des instructions à Bordeaux. M. Gambetta eut l'audace de lui répondre : « *Les membres de l'ancien Conseil font mine de vouloir résister, dispersez-les. Qu'avez-vous à attendre pour faire ces choses ?* »

« DISPERSEZ-LES !... Cet ordre était donné sans doute en vertu du *droit particulier qui ressort des révolutions.*

« Dans un département voisin, le préfet de la

Mayenne demandait au Gouvernement s'il n'y avait pas lieu de traduire devant une cour martiale M. le comte de Juigné, coupable d'avoir dit que le décret du 25 décembre était illégal et arbitraire et que les populations n'étaient pas tenues d'y obéir.

« Le parti révolutionnaire a de singulières théories et d'étranges pratiques. En face des gouvernements réguliers, il professe que le moindre abus d'autorité ouvre le droit à l'insurrection ; quand il est au pouvoir, il punit comme un crime la moindre résistance à ses usurpations. — Non, ce n'est pas M. le comte de Juigné qui avait mérité d'être traîné devant les tribunaux. Ce n'est pas lui qui avait violé les lois de son pays et dispersé les élus du suffrage universel. »

Nous venons de voir ce que les hommes du 4 Septembre ont fait des droits du pays et de la liberté électorale. Voyons ce qu'ils ont fait des autres libertés publiques, de la liberté de la presse.

Tout journal qui avait le malheur, soit de ne point croire aux mensonges de Gambetta, soit de lui signaler le danger de tel ou tel décret dont la fantaisie passait toutes limites, était supprimé comme « coupable de connivence avec l'ennemi, et de trahison envers la patrie. » Quand un de ces monstrueux arrêtés de suppression était déféré à la justice, il était impitoyablement flétri. Le rapporteur de la Commission d'enquête cite un exemple des justes châtiments infligés par les tribunaux aux exécuteurs des hautes-œuvres de Gambetta.

« Notre honorable collègue, M. de Cumont, dit-il, qui avait eu le courage de prêcher, dans son journal, la résistance à l'illégalité, voulut joindre l'exemple au conseil.

« Le 28 février, MM. de Cumont et Stoffel assignèrent M. Engelhard à comparaître devant la Cour d'Angers, pour se voir déclarer coupable de les avoir diffamés en leur imputant dans son arrêté : d'exciter leurs concitoyens à la guerre civile, — d'être de connivence avec l'ennemi, — de trahir la patrie en danger.

« Après une longue et laborieuse procédure, M. Engelhard a été condamné, le 28 juin 1872, par la Cour d'appel d'Orléans, à 500 francs d'amende.

L'arrêt de condamnation a été affiché dans toutes les communes et inséré dans tous les journaux du département de Maine-et-Loire.

« Cette tardive réparation a satisfait la conscience publique ; mais combien d'autres actes des préfets du 4 Septembre auraient mérité la même répression et sont restés impunis ! »

De la liberté de réunion.

« Il en était de la liberté de réunion comme de la liberté de la presse, dit le rapport de la commission d'enquête. Pendant qu'à Bordeaux, à Toulouse, à Lyon, à Marseille, dans toutes nos grandes villes, les clubs prêchaient l'insubordination et la révolte, calomniaient les généraux, dénonçaient les fonctionnaires, outrageaient le clergé, menaçaient les riches, et organisaient des manifestations pour dire au Gouvernement ce qu'il fallait faire, quelques honnêtes citoyens du canton de Cazaubon voulurent se réunir et former un comité électoral. Le juge de paix et les maires du canton avaient été invités à la réunion.

« Le préfet du Gers pensa que c'était là un piége, un motif pour agiter le pays, un danger pour la défense nationale. Il interdit la réunion et demanda des instructions au Ministre de l'Intérieur.

« Vous avez bien fait, lui répondit M. Masure, d'interdire la réunion signalée par le sous-préfet de Condom. Maintenez rigoureusement votre interdiction et faites respecter la loi. Au besoin, faites occuper la salle de réunion par la force publique.

« Voilà, conclut M. Boreau-Lajanadie, comment on pratiquait le respect des libertés *nécessaires*, comment on appliquait le principe de l'égalité républicaine. »

On sait avec quelle amertume, l'opposition, à laquelle appartenaient tous les hommes du 4 Septembre, avait décrié certains procédés du gouvernement de l'Empire. Or, ce sont précisément ceux de ces procédés qui avaient excité sa plus vive indignation, vraie ou fausse, que le gouvernement insurrectionnel de l'Hôtel-de-Ville s'est appropriés avec le plus d'empressement.

Sur ce sujet encore, laissons la parole à l'honorable rapporteur de la Commission d'enquête.

« On se rappelle, dit-il, que, peu de temps après le coup d'État de 1851, le Président de la République avait créé, pour donner la plus grande publicité aux actes et documents officiels, le *Moniteur des Communes*, feuille dont les préfets imposaient l'abonnement aux municipalités, et l'affichage à la porte des mairies.

« L'opposition avait signalé, avec une douloureuse indignation, cet instrument de règne destiné à propager les idées napoléoniennes et à façonner le pays au régime impérial.

« Le 12 octobre, le Gouvernement de la Défense nationale, considérant que, par suite de l'investissement de Paris, l'envoi du *Moniteur des Communes* avait été forcément suspendu, décréta :

« Qu'il serait publié, au siége de la résidence de la Délégation du Gouvernement de la Défense nationale, et par les soins du Ministre de l'Intérieur, un *Bulletin de la République française*, destiné à être envoyé et affiché dans les communes ;

« Qu'un crédit de 50,000 francs serait ouvert au budget du Ministère de l'Intérieur, pour couvrir les frais de publication et d'envoi de ce Bulletin, et que cette somme serait remboursée au Trésor, au moyen d'un prélèvement opéré, jusqu'à due concurrence, sur le produit des abonnements au *Moniteur des Communes* qui avaient été et seraient encaissés à l'Imprimerie nationale pour l'année 1870.»

« Le 10 novembre, M. Gambetta adressa aux préfets une circulaire où, après avoir ordonné la distribution et l'affichage, aux endroits les plus apparents, du Bulletin de la République, il disait : « Pour assurer au Bulletin de la République une « publicité plus certaine et plus efficace encore, j'ai « adopté la résolution suivante : tous les dimanches, « obligatoirement, et même plusieurs fois dans le « cours de la semaine, s'il le peut, l'instituteur de « chaque commune devra lire aux habitants réunis, « soit à la mairie, soit dans l'école, les principaux « articles insérés au Bulletin de la République. Les

« populations devront être prévenues du lieu, du
« jour et de l'heure choisis pour ces lectures.
« L'instituteur s'attachera particulièrement à donner
« connaissance des articles de doctrine et d'histoire
« dont la rédaction a pour objet d'éclairer l'esprit
« du peuple, de lui enseigner ses droits politiques
« et sociaux, aussi bien que les devoirs qui en sont
« le corollaire et de démontrer que la République
« seule peut assurer par ses institutions la liberté,
« la grandeur et l'avenir de la France. »

« Les instituteurs allaient donc redevenir des
agents politiques faisant de la propagande républicaine, comme ils avaient fait de la propagande
impérialiste, adorant ce qu'ils avaient brûlé, brû-
lant ce qu'ils avaient adoré, et vouant à l'exécration
de la France le régime qu'ils avaient, pendant vingt
ans, recommandé à son admiration et à sa grati-
tude.

« Quel rôle pour les maîtres de la jeunesse, et
quelle autorité pouvaient conserver sur leurs élèves
les malheureux, condamnés, sous peine de révoca-
tion, à de telles palinodies !

« Et d'un autre côté, quelle contradiction ! lorsque le parti républicain voulait retrancher de l'éducation populaire l'étude des dogmes religieux, lorsqu'il demandait que l'enseignement fût laïque, lorsqu'il proclamait que l'évangile et le catéchisme ne devaient être lus que par le prêtre et le père de famille, il prétendait défendre les droits de la liberté de conscience.

« Au nom de quelle liberté allait-il enseigner à la jeunesse des dogmes politiques, remplacer dans les écoles la croix de Jésus-Christ par le buste de la République, forcer les instituteurs à lire et les populations à écouter, chaque dimanche, les élucubrations de MM. Barni et Magnier sur la séparation de l'Église et de l'État, l'organisation démocratique de l'armée, l'élection des magistrats, le despotisme de Louis XIV et les scandales de la cour de Napoléon III (1) ? »

---

(1) Par décret du 15 novembre, MM. Barni et Magnier avaient été nommés : l'un, chef de la rédaction du *Bulletin*

V.

CONCLUSIONS

Nous sommes loin d'en avoir fini avec le procès du 4 Septembre, au point de vue politique, moral, social. Mais ce qui précède a dû faire la lumière complète dans la conscience de nos lecteurs. Nul doute qu'ils ne trouvent, dans les conclusions du rapport de M. Boreau-Lajanadie que nous allons placer sous leurs yeux, la très-fidèle expression de

---

de la République française, l'autre, attaché à cette rédaction, avec des indemnités mensuelles de 1,000 francs pour le premier, de 600 fr. pour le second.

Sous l'empire, les frais de rédaction du *Moniteur des communes* ne coûtaient que 150 fr. par mois.

leur propre jugement sur Trochu, Jules Favre, Gambetta et leurs complices.

« Montés au pouvoir, en un jour de malheur, après la plus coupable des insurrections, dit l'honorable rapporteur, ils avaient eu la présomption de s'appeler le GOUVERNEMENT DE LA DÉFENSE NATIONALE !... L'ironie de l'histoire pourra seule leur conserver ce nom.

« Jamais nous ne fûmes si mal gouvernés et si peu défendus. Jamais nous ne fûmes plus humiliés par l'invasion et plus désolés par l'anarchie. Jamais les ennemis de la France, auxquels nul bonheur ne manqua pendant cette fatale période, ne furent mieux servis par l'incapacité, l'aveuglement et les passions de nos chefs. »

Et un peu plus loin :

« Cette dictature de cinq mois, que nous a-t-elle valu ?

« Elle a valu à la France des défaites, des désastres, la capitulation de Paris, le démembrement du pays, le traité que nous avons été contraints de subir à Bordeaux.

« Elle a valu à la République la guerre civile, la Commune, ses crimes, l'assassinat des otages, l'incendie de nos monuments.

« Assurément, il est permis de croire que si une Assemblée élue avait partagé le pouvoir avec les membres du Gouvernement de la défense, une partie au moins de ces malheurs nous eût été épargnée.

« Il est également permis de croire que ceux-là ne sont point sans responsabilité dans le triste dénoûment de cette crise, qui ont disposé de tout, souverainement, et qui ont agi en toute circonstance de leur pleine et entière autorité.

« Si les membres du gouvernement de la Défense avaient été assez heureux ou assez habiles pour relever l'honneur de nos armes, pour expulser l'ennemi de notre territoire, pour signer une paix glorieuse, à Bordeaux, ils en auraient assurément et à juste titre revendiqué pour eux l'honneur.

« Malheureux, et malheureux par leur faute, ils ne peuvent pas aujourd'hui se dérober à la responsabilité des défaites qu'ils ont essuyées, des humiliations qu'ils ont subies et fait subir à la France ! »

351.76 — Boulogne (Seine). — Imprimerie JULES BOYER.